pour apprendre à **dessiner** en s'amusant !

Animaux et nature
Les animaux du Grand Nord ▪ Les animaux d'Afrique ▪ Les animaux de la forêt ▪
Les animaux de la maison ▪ Les animaux de la ferme ▪ Les animaux du monde ▪ La mer ▪
La campagne ▪ La montagne ▪ Le bord de l'eau ▪ Les dinosaures ▪ Les oiseaux du monde ▪
Les chiens ▪ Chevaux et poneys ▪ Les chats ▪ Les fleurs ▪ Les dragons ▪ Les bébés animaux ▪
Le poney-club ▪

Personnages
Les contes ▪ Le cirque ▪ La famille ▪ L'école ▪ Les monstres ▪ Les sports ▪
La crèche de Noël ▪ Noël ▪ Les princesses ▪ Les fées ▪ La danse ▪ Les sirènes ▪
Les super-héros ▪

Métiers
Les pompiers ▪ Chez le vétérinaire ▪

Histoire
L'Égypte ▪ Chevaliers et châteaux forts ▪ Les Gaulois ▪ La préhistoire ▪ Les pirates ▪

Moyens de transport
Les voitures et les motos ▪ Les camions ▪ Les avions ▪ Les bateaux ▪
Les trains ▪ Les engins de chantier ▪

Techniques
Dessiner les belles lettres ▪ Peindre à la gouache ▪ Dessiner au compas ▪
Dessiner au crayon de couleur ▪ Découper ▪

Hors-série
Mes animaux préférés de A à Z ▪ Mes personnages préférés de A à Z ▪ L'Histoire de France ▪

Les compilations
La nature ▪ Les animaux lointains ▪ Peindre et dessiner ▪ Un monde magique ▪
Créer de jolis décors ▪ La vie quotidienne ▪ Les moyens de transport ▪
Les princesses et les chevaliers ▪ Spécial filles ▪ Spécial garçons ▪

MW01045214

J'APPRENDS À DESSINER

**Les quatre titres
réunis dans cet ouvrage :**

La danse,

Chevaux et poneys,

Les bébés animaux,

Les fleurs,

font partie de la collection **«J'apprends à dessiner»**
aux Éditions Fleurus

la danse • les chevaux et les poneys • les bébés animaux • les fleurs

Philippe Legendre

J'APPRENDS À DESSINER

spécial filles

FLEURUS

www.fleuruseditions.com

Sommaire

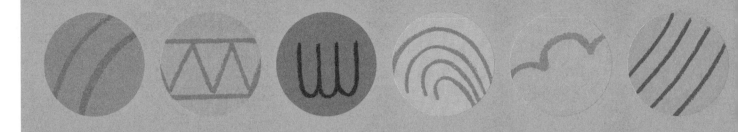

Tous les enfants savent dessiner un rond, un carré, un triangle…
Alors, ils peuvent aussi dessiner une ballerine, un poney et une tulipe.
Notre méthode est facile et amusante. Elle apporte à l'enfant une technique
et un vocabulaire des formes dont se sert tout dessinateur.
La construction du dessin se fait par l'association de formes géométriques
créant un ensemble de volumes/surfaces. Il suffit ensuite, par une ligne droite,
courbe ou brisée, de donner son caractère définitif à l'esquisse.
En quelques coups de crayon un motif apparaît,
un peu de couleur et voici réalisée une belle illustration.
Cette méthode propose un apprentissage de la technique
et une première approche de la composition, des proportions, du volume,
de la ligne. Sa simplicité en fait une méthode où le plaisir
de dessiner reste au premier plan.

PHILIPPE LEGENDRE
Peintre-graveur et illustrateur, Philippe Legendre anime
aussi un atelier de peinture pour les enfants de 6 à 14 ans.
Intervenant souvent en milieu scolaire, il a développé
cette méthode pour que tous les enfants puissent
accéder à l'art du dessin.

Quelques conseils

Chaque dessin est fait à partir d'un petit nombre de formes géométriques qui sont indiquées en haut de la page.
C'est ce qu'on appelle le vocabulaire de formes.
Il peut te servir à t'exercer avant de commencer le dessin.

1. Fais l'esquisse du dessin au crayon et à main levée. Attention, pas de règle ni de compas !

2. Les pointillés indiquent les traits de construction qui doivent être gommés.

3. Une fois ton dessin terminé, colorie-le. Si tu veux, repasse en noir le trait de crayon.

Et maintenant, à toi de jouer !

La danse

vocabulaire de formes

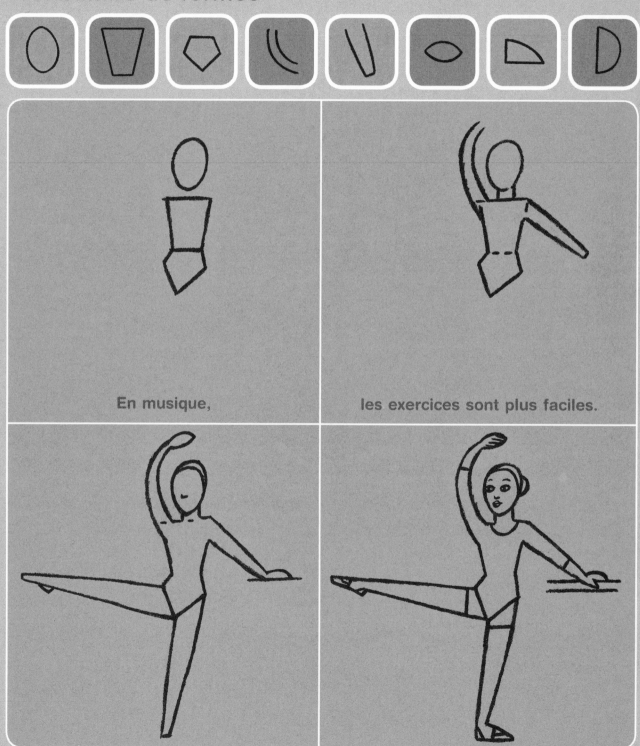

En musique,

les exercices sont plus faciles.

10

À la barre

vocabulaire de formes

C'est peut-être le ballet
de La Belle au bois dormant

que danse cette étoile.

La première arabesque

vocabulaire de formes

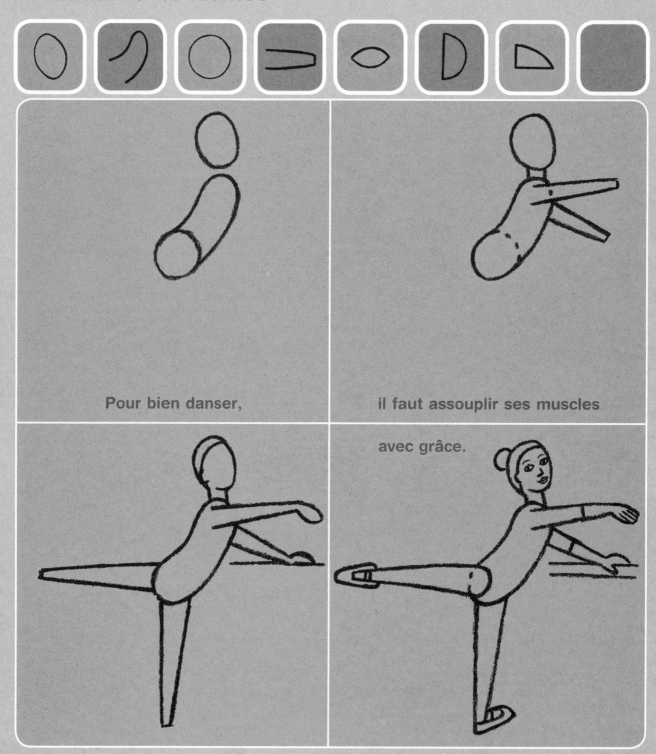

Pour bien danser,

il faut assouplir ses muscles

avec grâce.

14

Devant le miroir

vocabulaire de formes

La main sur la hanche...

comme dans un ballet russe !

Le relevé passé

vocabulaire de formes

En trois sauts, la ballerine traverse la salle de danse.

18

Le grand jeté

vocabulaire de formes

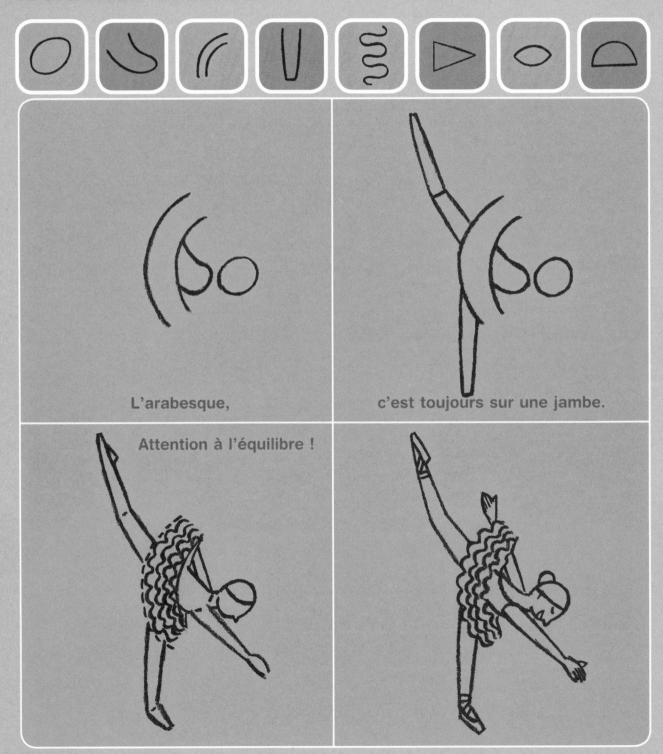

L'arabesque,

c'est toujours sur une jambe.

Attention à l'équilibre !

L'arabesque plongée

vocabulaire de formes

Et voici...

Roméo et Juliette.

22

Le pas de deux

vocabulaire de formes

Bras en couronne

et tutu blanc,

je danse

Le Lac des cygnes.

24

Sur les pointes

vocabulaire de formes

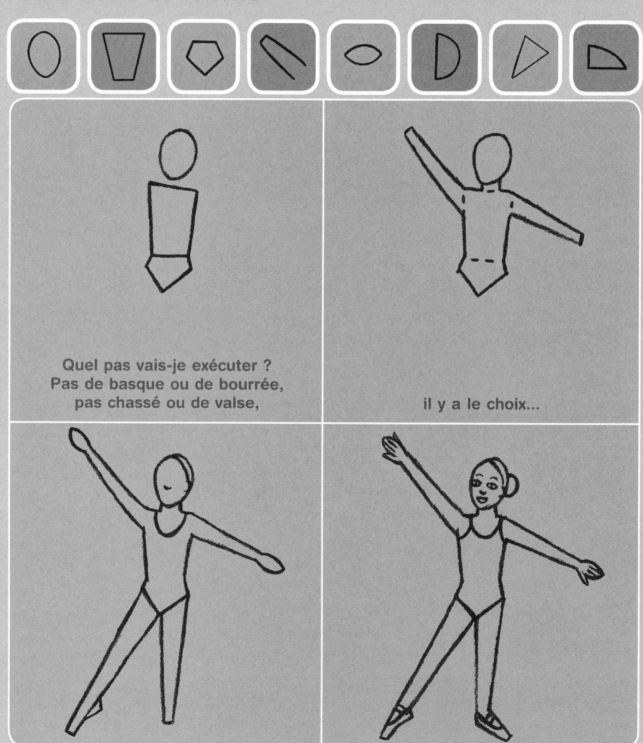

Quel pas vais-je exécuter ?
Pas de basque ou de bourrée,
pas chassé ou de valse,

il y a le choix...

26

La pointe tendue

Voici la salle de cours où les ballerines s'exercent à la barre.
Il faut bien apprendre à danser si l'on veut participer à un ballet :
travailler les pointes, arabesques et pas de deux.

En attendant ce jour, tu peux dessiner tes plus beaux rêves de danseuses.

Les chevaux et les poneys

vocabulaire de formes

Pour le dresser,

on murmure à son oreille.

Le cheval

33

vocabulaire de formes

Il est petit et doux,

c'est peut-être un Shetland...

sous sa crinière ébouriffée.

Le poney

35

vocabulaire de formes

La jument veille...

sur son poulain.

En famille

37

vocabulaire de formes

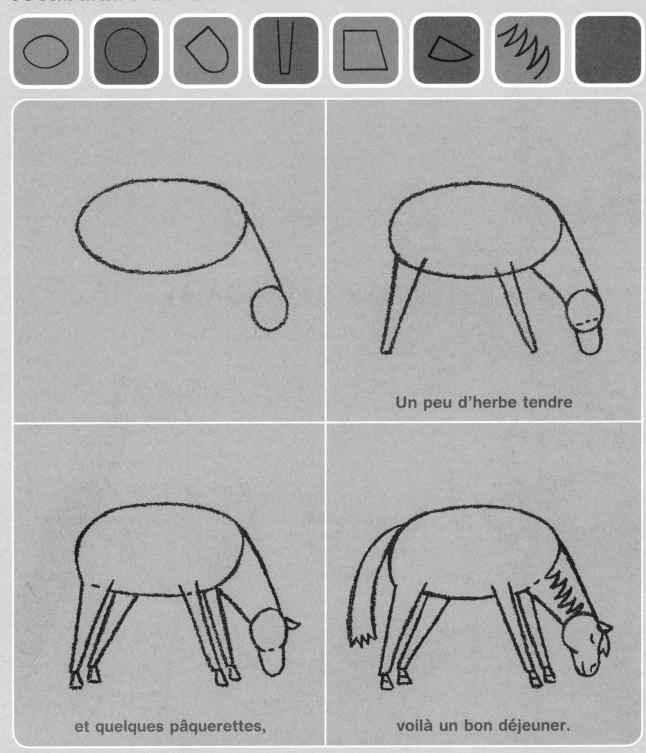

Un peu d'herbe tendre

et quelques pâquerettes,

voilà un bon déjeuner.

Au pré

39

vocabulaire de formes

Dès sa naissance,
le poulain sait gambader.

Les premiers pas

vocabulaire de formes

Il vit à l'état sauvage,

en Amérique,

dans les collines

du Montana.

Le mustang

43

vocabulaire de formes

Au pas, au trot, au galop...
Cavaliers, en selle !

Au trot !

vocabulaire de formes

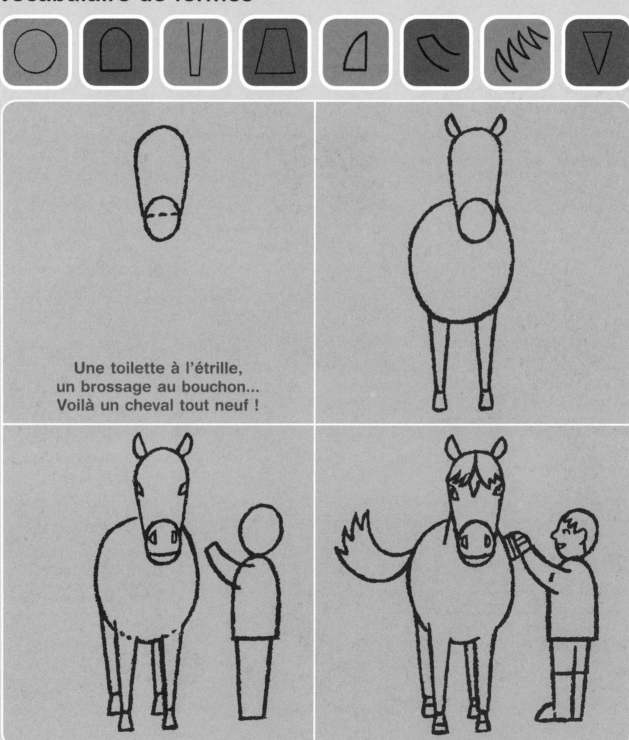

Une toilette à l'étrille,
un brossage au bouchon...
Voilà un cheval tout neuf !

Le pansage

vocabulaire de formes

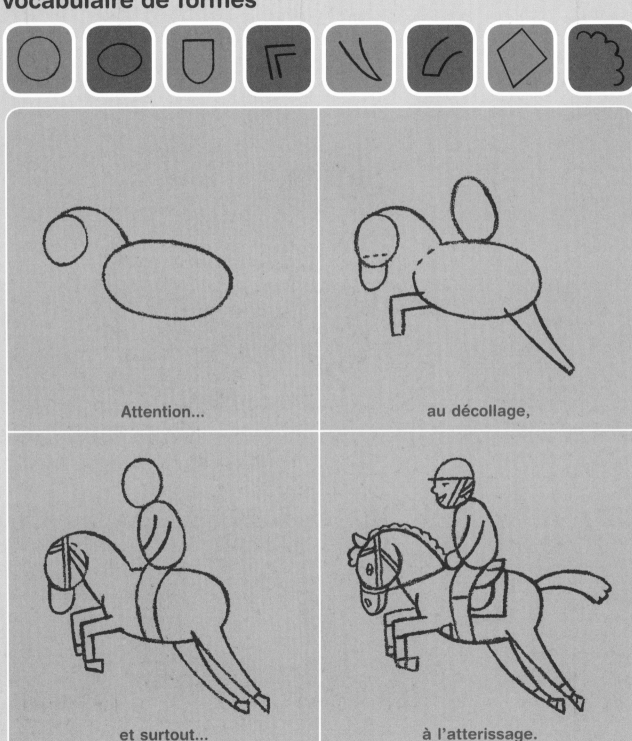

Attention...

au décollage,

et surtout...

à l'atterissage.

Le saut d'obstacle

Dans les prés, les chevaux et les poneys galopent.
Au club, tu peux les monter pour te promener
et aussi les soigner.

Pour te souvenir des bons moments partagés
avec les chevaux, prends ton crayon et dessine-les.

Les bébés animaux

vocabulaire de formes

Il te regarde avec des yeux tendres

pour que tu le caresses.

Le bébé lapin

vocabulaire de formes

C'est un petit nuage
sur quatre pattes,

doux comme un...
agneau.

L'agneau

vocabulaire de formes

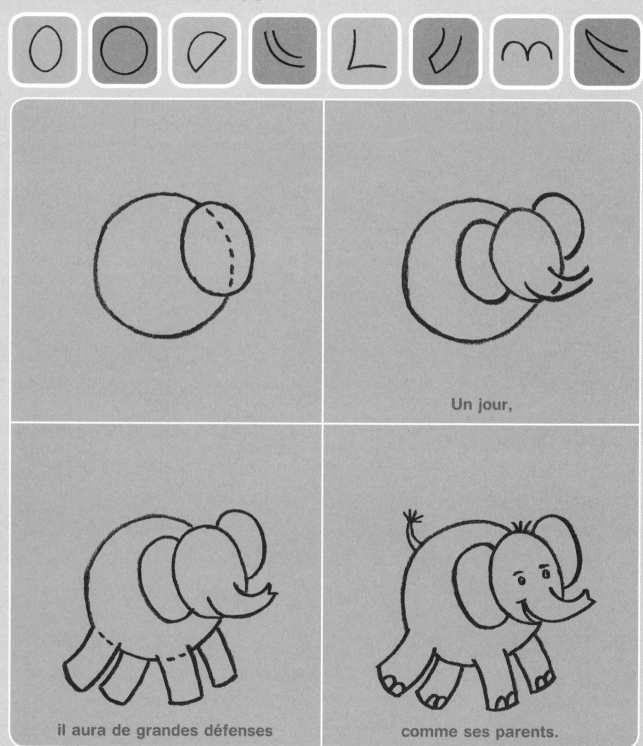

Un jour,

il aura de grandes défenses

comme ses parents.

58

L'éléphanteau

vocabulaire de formes

Il jappe

et remue la queue
quand il est content.

60

Le petit chien

vocabulaire de formes

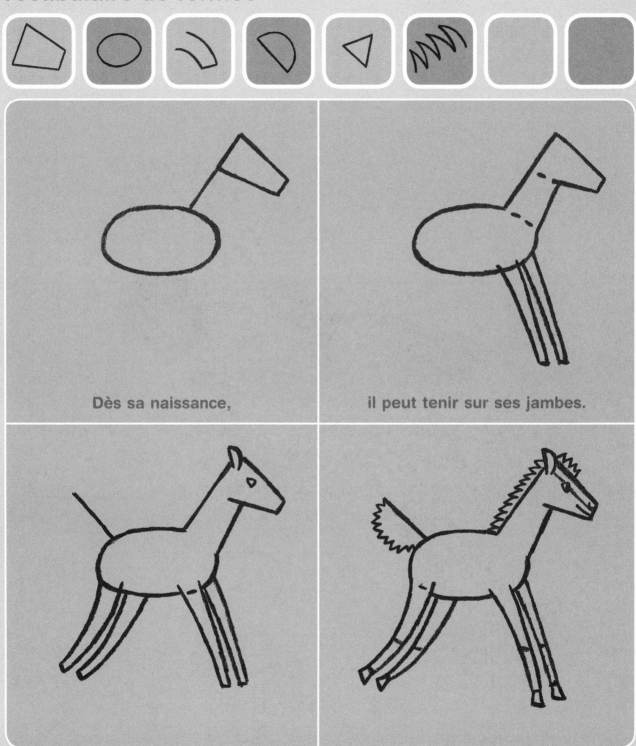

Dès sa naissance,

il peut tenir sur ses jambes.

Le poulain

vocabulaire de formes

Ce nounours tout rond

est aussi la mascotte
des petits Chinois.

Le bébé panda

65

vocabulaire de formes

Coin, coin,
dès qu'il sort de l'œuf,
il plonge dans la mare.

Le caneton

vocabulaire de formes

Il joue et saute
comme un petit diable

et puis dans son panier,
dort comme un ange.

Le chaton

vocabulaire de formes

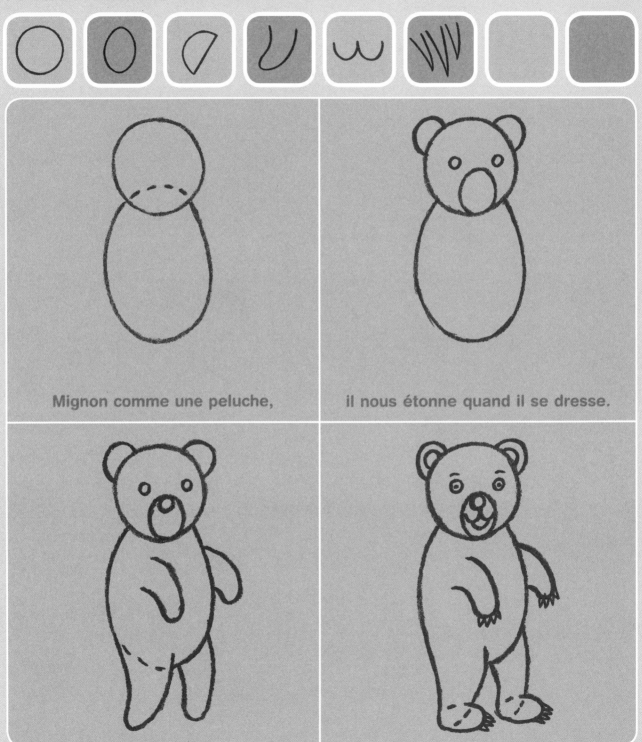

Mignon comme une peluche,

il nous étonne quand il se dresse.

L'ourson

Les bébés animaux adorent jouer, courir, sauter, se cacher et monter aux arbres !

Dessine-les dans un jardin extraordinaire où ils s'amusent ensemble.

Les fleurs

vocabulaire de formes

Par ce bouquet de tournesols, le soleil brille dans la maison.

76

Le tournesol

vocabulaire de formes

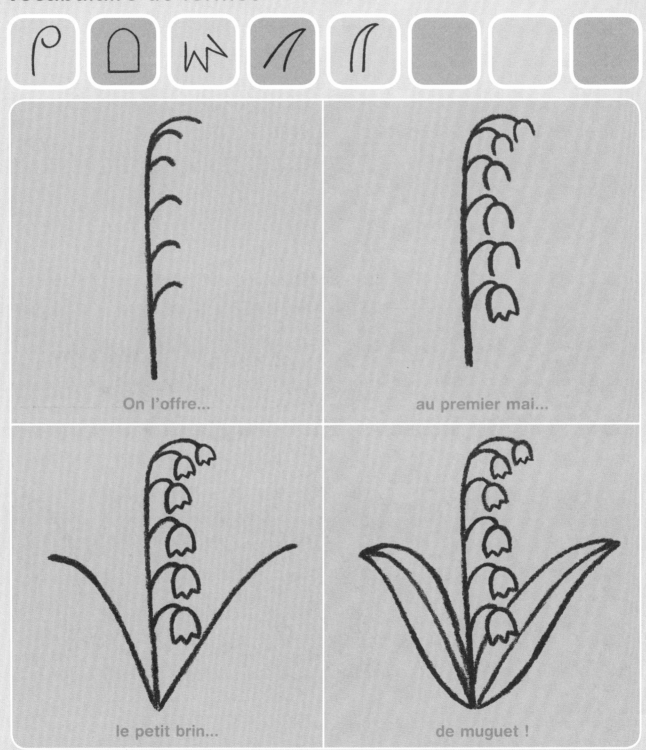

On l'offre...

au premier mai...

le petit brin...

de muguet !

78

Le muguet

vocabulaire de formes

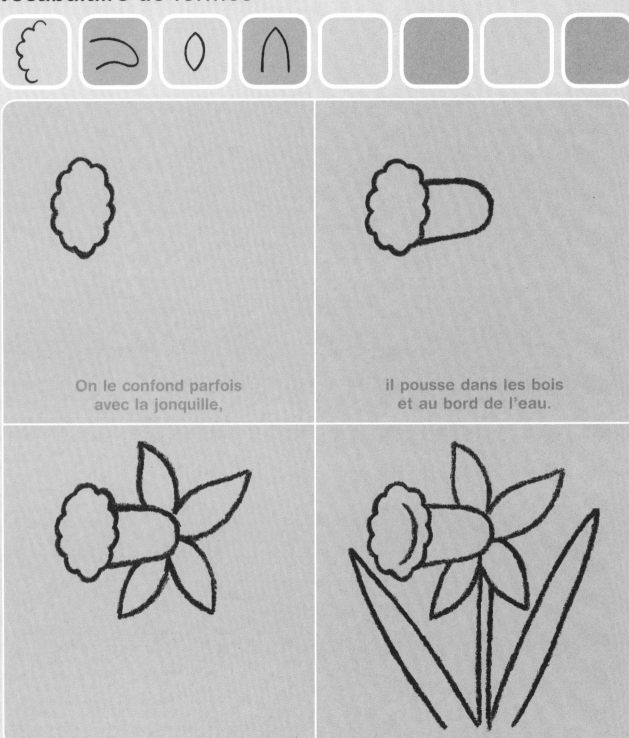

On le confond parfois
avec la jonquille,

il pousse dans les bois
et au bord de l'eau.

80

Le narcisse

vocabulaire de formes

Elle n'a pas froid...

aux pétales...

et passe l'hiver au jardin !

82

La pensée

83

vocabulaire de formes

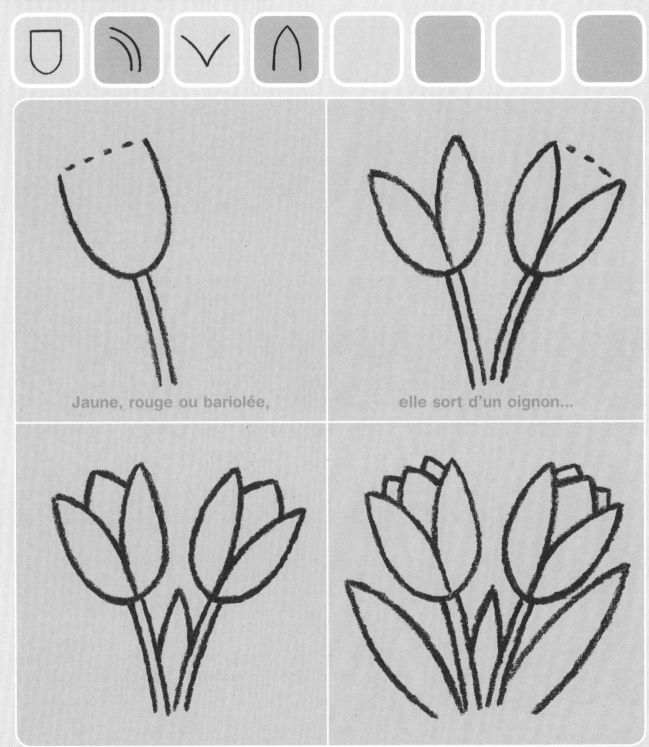

Jaune, rouge ou bariolée,

elle sort d'un oignon...

84

La tulipe

vocabulaire de formes

Comme des flocons de neige,

les pâquerettes...

parsèment...

la pelouse.

La pâquerette

vocabulaire de formes

Belle et parfumée,

c'est la reine du jardin.

88

La rose

vocabulaire de formes

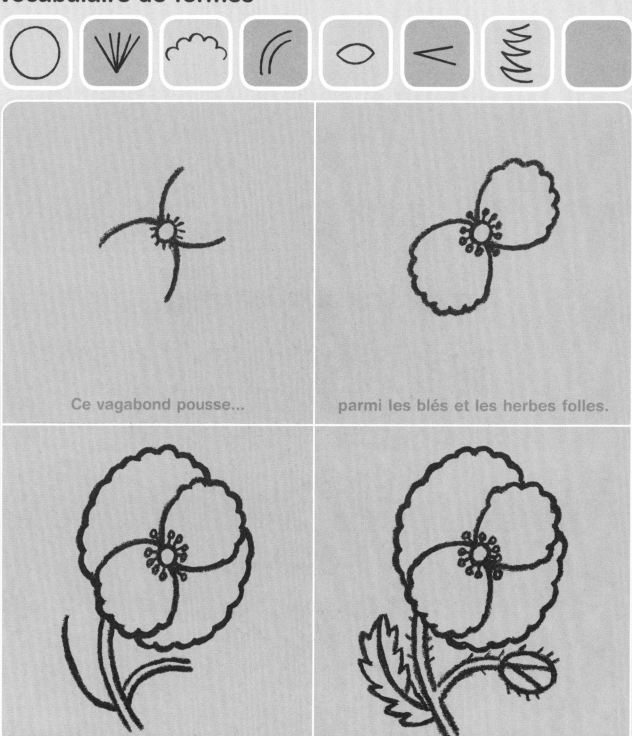

Ce vagabond pousse...

parmi les blés et les herbes folles.

90

Le coquelicot

vocabulaire de formes

Quand le vent agite ses pétales,	on dirait... un papillon.

92

L'iris

Dans ce jardin idéal, fleurs sauvages et fleurs cultivées rivalisent de beauté.
Dessine tes fleurs préférées et donne-leur de belles couleurs :
ton jardin est planté !

Direction éditoriale : Virginie Grandval
Direction de création : Laurent Quellet
Direction artistique : Armelle Riva
Mise en page : Mélissa Chalot
Édition : Christine Hooghe
Fabrication : Thierry Dubus et Florence Bellot

Gravure : Point 4
Imprimé par Macrolibros en Espagne

© Fleurus Éditions, Paris, octobre 2011
15-27, rue Moussorgski - 75018 Paris
Dépôt légal : octobre 2011
Code MDS : 591550
ISBN : 978-2-215-11069-9
ISSN : 1257-9629
7e édition - novembre 2015
N° d'édition : J15139

Loi n°49-956 du 16 juillet 1949 sur les publications destinées à la jeunesse.

www.fleuruseditions.com

J'APPRENDS À DESSINER le cirque

J'APPRENDS À DESSINER la crèche de Noël

J'APPRENDS À DESSINER les Gaulois

J'APPRENDS À DESSINER la montagne

J'APPRENDS À DESSINER la préhistoire

J'APPRENDS À DESSINER les animaux du monde

J'APPRENDS À DESSINER les animaux de la maison

J'APPRENDS À DESSINER les animaux du Grand Nord

J'APPRENDS À DESSINER les animaux de la ferme

J'APPRENDS À DESSINER les avions

J'APPRENDS À DESSINER les bateaux

J'APPRENDS À DESSINER les contes

J'APPRENDS À DESSINER le bord de l'eau

J'APPRENDS À DESSINER les camions

J'APPRENDS À DESSINER la campagne

J'APPRENDS À DESSINER les engins de chantier

J'APPRENDS À DESSINER les chats

J'APPRENDS À DESSINER chevaliers châteaux forts

J'APPRENDS À DESSINER chevaux et poneys

J'APPRENDS À DESSINER les chiens

J'APPRENDS À DESSINER les oiseaux du monde

J'APPRENDS À DESSINER les bébés animaux

J'APPRENDS À DESSINER la danse

J'APPRENDS À DESSINER les dinosaures

J'APPRENDS À DESSINER les dragons